Finanzas en Pareja

Ricardo Moreno

Página de Derechos de Autor

Primera edición

Indice

El Dinero y el Amor

El dinero y el amor son dos pilares fundamentales en la vida de cualquier pareja. Aunque muchas veces preferimos pensar que el amor basta para mantener una relación sólida, la realidad es que los problemas financieros son una de las principales causas de conflictos e incluso de rupturas. Hablar de dinero en pareja puede parecer incómodo al principio, pero es una conversación que debe tenerse tarde o temprano. Ignorarla solo crea malentendidos y resentimientos que pueden acumularse con el tiempo.

Imagina que el dinero en una relación es como el timón de un barco. Si uno de los dos no sabe hacia dónde se dirige o qué tan rápido está avanzando, es fácil perderse en el camino. Una relación amorosa necesita confianza, y esa confianza también se construye en la manera en que ambos manejan sus finanzas. Hablar de dinero no significa ser frío o calculador; al contrario, significa querer lo mejor para ambos, ser honestos y trabajar juntos hacia un futuro compartido.

A menudo traemos nuestras propias ideas sobre el dinero de nuestra familia, nuestra infancia o nuestras experiencias previas. Quizás creciste en un hogar donde ahorrar era la norma, mientras que tu pareja viene de un entorno donde gastar en cosas pequeñas era una forma de disfrutar la vida. Estas diferencias no son malas, pero pueden generar roces si no se reconocen y se discuten abiertamente. Una buena forma de empezar es compartiendo historias sobre cómo aprendieron cada uno a manejar el dinero. ¿Cuál fue la primera vez que ahorraste para algo importante? ¿Te enseñaron a usar una tarjeta de crédito? Estas conversaciones no solo ayudan a conocerse mejor, sino que también crean empatía y comprensión.

Es importante que ambos comprendan que el dinero no es un tema egoísta. No se trata de quién gana más o quién gasta menos. En una relación de pareja, el dinero debe verse como un recurso que se administra juntos. Esto no significa que todo tenga que compartirse al cien por ciento o que cada decisión deba tomarse en conjunto, pero sí implica que las decisiones importantes sean el resultado de un diálogo. Por ejemplo, decidir cómo se van a pagar las facturas, cuánto se destinará a ahorrar o cómo se manejarán las deudas es un ejercicio de comunicación y trabajo en equipo.

En el amor, siempre buscamos que nuestra pareja sea feliz. Pero la felicidad a largo plazo también está ligada a la estabilidad, y aquí es donde las finanzas juegan un papel crucial. Tener un plan financiero en conjunto, aunque sea básico, evita muchos dolores de cabeza. Por ejemplo, establecer un presupuesto mensual para cubrir los gastos fijos, ahorrar para emergencias o planear vacaciones juntos puede quitarle peso a esas conversaciones tensas sobre por qué falta dinero al final del mes.

Otro aspecto importante es el respeto. Cada persona tiene una relación única con el dinero, y no siempre vamos a coincidir. Es fundamental escuchar a la otra parte, incluso cuando no estemos de acuerdo. Si a tu pareja le gusta darse un gusto de vez en cuando y tú prefieres ahorrar todo lo posible, no significa que uno esté bien y el otro mal. Se trata de encontrar un equilibrio que funcione para ambos. Respetar las diferencias en las prioridades financieras no solo fortalece la relación, sino que también evita que el dinero se convierta en un terreno de conflicto constante.

Finalmente, el amor se trata de construir juntos, y eso incluye la parte financiera. Planear metas en común, como comprar una casa, ahorrar para un viaje especial o incluso prepararse para la jubilación, refuerza la idea de que están trabajando en equipo. Estas metas no solo son motivadoras, sino que también crean un sentido de logro compartido. Cuando ambos contribuyen y ven resultados, la relación se fortalece, porque saben que no están solos en el camino.

El dinero, cuando se maneja bien, puede ser una herramienta poderosa para el crecimiento de la pareja. Pero si se evita o se maneja mal, puede ser un peso que desgasta incluso las relaciones más fuertes. Hablar de dinero no es un acto de desconfianza, sino una muestra de compromiso. Es la manera en que ambos pueden asegurarse de que sus sueños, tanto individuales como compartidos, tengan una base sólida para hacerse realidad.

Hablando de Dinero sin Tabúes

Hablar de dinero en pareja puede ser tan delicado como caminar por un campo minado, pero también es una de las conversaciones más importantes que se deben tener. El problema es que muchas veces evitamos este tema porque nos han enseñado que el dinero es algo privado o porque tememos que al hablarlo pueda surgir un conflicto. Sin embargo, lo que realmente genera tensiones no es hablar de dinero, sino no hablarlo. El silencio crea malentendidos, expectativas no cumplidas y, en el peor de los casos, resentimientos acumulados.

El primer paso para romper el tabú del dinero es entender que no es un tema prohibido, sino necesario. Hablar de dinero no significa que se acabe la magia en la relación ni que todo se vuelva frío y calculador. Por el contrario, abordar este tema demuestra confianza y compromiso. Es una manera de asegurarte de que ambos están alineados, de evitar sorpresas desagradables y de construir juntos una base sólida para el futuro.

Para empezar, no necesitas ser un experto en finanzas ni tener respuestas para todo.

Lo más importante es abrir la puerta a la conversación de una manera honesta y sin juicios. Si nunca han hablado de dinero como pareja, es normal que al principio se sientan incómodos. Una buena forma de iniciar es eligiendo un momento adecuado, sin prisas ni distracciones. Tal vez un domingo por la tarde en casa o mientras comparten un café. El ambiente debe ser relajado y libre de presiones, porque lo último que queremos es que esta conversación se sienta como un interrogatorio o una discusión.

Un truco útil es empezar con preguntas abiertas y ligeras, que permitan conocer cómo cada uno se siente respecto al dinero. Por ejemplo, puedes preguntar: "¿Qué es lo que más valoras al gastar tu dinero?" o "¿Cuál es tu mayor preocupación financiera?" Estas preguntas no solo rompen el hielo, sino que también ayudan a entender las prioridades y perspectivas de cada uno. Recuerda, no se trata de quién está en lo correcto o quién tiene el mejor plan financiero, sino de escuchar y entender al otro.

Es común que en estas conversaciones surjan temas sensibles. Tal vez uno de los dos tiene deudas que no había mencionado o gastos que el otro no entiende. Aquí es fundamental evitar criticar o juzgar. Si tu pareja confiesa algo que no esperabas, trata de verlo como un acto de confianza y no como un problema. Responder con apoyo y empatía hará que la otra persona se sienta segura para seguir abriendo su corazón. Por ejemplo, si tu pareja te dice que tiene una deuda, en lugar de preguntar "¿Cómo pudiste llegar a eso?", podrías decir: "Gracias por decírmelo, ¿qué podemos hacer juntos para solucionarlo?".

Otro aspecto importante de hablar de dinero sin tabúes es ser completamente transparente. Esto incluye compartir información básica, como cuánto gana cada uno, cuáles son sus gastos principales y si tienen ahorros o deudas. Puede parecer intimidante, pero esta honestidad es la base para construir confianza. No es necesario revelar cada detalle de inmediato, pero sí deben llegar a un punto donde ambos sepan lo suficiente como para tomar decisiones informadas juntos.

También es útil establecer ciertas reglas de comunicación. Por ejemplo, pueden acordar revisar juntos sus finanzas una vez al mes o establecer un límite para los gastos individuales sin consultarse. Esto no se trata de controlar a la otra persona, sino de crear un sistema que funcione para ambos. Si uno de los dos siente que tiene que esconder un gasto o una decisión financiera, es señal de que algo no está bien.

Hablar de dinero también implica planificar juntos. No solo se trata de discutir el presente, sino de soñar con el futuro. Pueden hablar de cosas como ahorrar para unas vacaciones, pagar una deuda o incluso comprar una casa. Al establecer metas en conjunto, el dinero deja de ser un motivo de tensión y se convierte en una herramienta para alcanzar esos sueños compartidos.

Es importante recordar que estas conversaciones no siempre serán perfectas. Habrá momentos en los que no estén de acuerdo o en los que surjan emociones fuertes, y eso está bien. Lo esencial es mantener el respeto y recordar que ambos están en el mismo equipo. Si sienten que no pueden resolver un tema financiero por sí solos, no duden en buscar ayuda externa, ya sea con un asesor financiero o incluso con un terapeuta especializado en parejas.

El dinero no debería ser un tema tabú en una relación. Es una parte natural de la vida y, como tal, merece ser tratado con la misma importancia que cualquier otro aspecto de la relación. Hablar abiertamente sobre finanzas no solo mejora la estabilidad económica de la pareja, sino que también fortalece la confianza y el vínculo emocional. Al final, lo que realmente importa no es cuánto dinero tienen, sino cómo lo manejan juntos. Una pareja que puede hablar de dinero sin miedo es una pareja que está preparada para enfrentar cualquier desafío, financiero o no, que la vida les ponga por delante.

Valores Financieros de Cada uno

Cada persona tiene una historia con el dinero, y esa historia define lo que valoramos y cómo tomamos decisiones financieras. Desde pequeños, aprendemos, muchas veces sin darnos cuenta, qué significa el dinero y cómo manejarlo. Tal vez viste a tus padres discutir sobre las cuentas a fin de mes, o quizás creciste en un hogar donde todo parecía abundar. Quizás te enseñaron a ahorrar cada centavo, o por el contrario, aprendiste que el dinero está para disfrutarse sin tantas preocupaciones. Estas experiencias moldean nuestros valores financieros, y cuando dos personas deciden compartir su vida, esas historias pueden chocar o complementarse.

Los valores financieros no son más que las creencias profundas que cada uno tiene sobre el dinero. Estas creencias influyen en nuestras prioridades: en qué gastamos, qué tanto ahorramos y cómo enfrentamos los retos económicos. Algunas personas valoran la seguridad, y para ellas, tener ahorros sólidos es fundamental para dormir tranquilos. Otras priorizan las experiencias y prefieren gastar en viajes, salidas o actividades que les llenen el alma. También están quienes buscan crecer constantemente y ven en el dinero una herramienta para invertir y construir algo grande. Ninguno de estos valores es mejor o peor que otro, pero entenderlos es clave para una relación financiera saludable.

Hablar de valores financieros con tu pareja puede ser un ejercicio revelador. Muchas veces asumimos que el otro piensa como nosotros, y esto puede llevar a malentendidos. Por ejemplo, si tú consideras que ahorrar para emergencias es una prioridad, pero tu pareja prefiere gastar en cosas que le hagan feliz en el presente, es probable que surjan tensiones si no han conversado sobre sus diferencias. En lugar de esperar a que los conflictos aparezcan, lo mejor es sentarse y explorar juntos de dónde vienen esas creencias y cómo se pueden alinear con las metas compartidas.

Una buena forma de iniciar esta conversación es compartir recuerdos relacionados con el dinero. Puedes preguntar cosas como: ¿Cómo era el dinero en tu familia cuando crecías? ¿Te daban mesada? ¿Qué solías hacer con ese dinero? Estas preguntas no solo ayudan a entender de dónde vienen las ideas de tu pareja, sino que también permiten conectar a un nivel más profundo. Tal vez descubras que tu pareja valora mucho gastar en experiencias porque nunca tuvo la oportunidad de hacerlo cuando era pequeño, o que tiene miedo a las deudas porque vio a su familia enfrentarse a problemas graves por no poder pagarlas.

Es importante que, durante esta conversación, no haya juicios. Cada persona ha tenido experiencias diferentes, y no siempre las podemos controlar. Si tu pareja es más impulsiva con el dinero y tú eres más ahorrador, no significa que uno de los dos esté equivocado. Lo que importa es entender el porqué detrás de esos comportamientos. Tal vez tu pareja gasta en pequeñas cosas porque le da una sensación de felicidad inmediata, mientras que tú prefieres ahorrar porque te da tranquilidad pensar en el futuro. Estas diferencias no tienen que ser un problema, siempre que se aborden con respeto y apertura.

Una vez que entiendan los valores financieros de cada uno, pueden trabajar en crear un sistema que funcione para ambos. Esto no significa que deban renunciar a sus creencias individuales, sino encontrar un punto medio donde las prioridades de ambos tengan espacio. Por ejemplo, si uno de los dos valora mucho tener un fondo de ahorro sólido, mientras que el otro prefiere gastar en entretenimiento, podrían destinar un porcentaje de sus ingresos a cada cosa. Así, ambos sienten que sus necesidades y valores están siendo respetados.

Además, conocer los valores financieros de tu pareja te ayuda a entender sus decisiones y comportamientos. Si sabes que para tu pareja la seguridad es importante, no te sorprenderá que insista en ahorrar para un fondo de emergencias antes de planear unas vacaciones. O si sabes que le encanta disfrutar del presente, no te molestará que quiera gastar en una cena especial después de un mes difícil. Este conocimiento no solo evita conflictos, sino que también fortalece el vínculo al mostrar empatía y comprensión.

Es importante recordar que los valores financieros no son estáticos. Pueden cambiar con el tiempo, según las experiencias y las etapas de la vida. Tal vez hoy prefieras ahorrar para una casa, pero en unos años, cuando ya la tengas, tus prioridades cambien y decidas invertir en educación o en viajar más. Por eso, estas conversaciones deben ser constantes. No basta con hablar una vez sobre los valores financieros y darlo por hecho. Revisar regularmente cómo se sienten ambos respecto al dinero asegura que sigan en la misma página a medida que la vida cambia.

Cuando conoces y respetas los valores financieros de tu pareja, no solo fortaleces la relación, sino que también creas un camino claro hacia metas compartidas. El dinero deja de ser un motivo de conflicto y se convierte en una herramienta para construir juntos el futuro que desean. Al final, lo que importa no es que ambos tengan los mismos valores, sino que trabajen como un equipo para respetar las diferencias y encontrar un equilibrio. En el amor, como en las finanzas, todo se trata de entender, apoyar y crecer juntos.

Diseñando un Futuro Juntos

Imaginar un futuro juntos es uno de los aspectos más emocionantes de una relación de pareja. Es pensar en lo que quieren lograr, cómo se ven dentro de cinco, diez o veinte años, y qué pasos necesitan dar para llegar allí. Pero no basta con soñar despiertos; diseñar un futuro juntos implica convertir esas ideas en metas concretas, y para eso es esencial trabajar en equipo y ser intencionales con el dinero. Las finanzas no son solo números y cuentas; son la base que puede transformar sus sueños en realidad.

Lo primero que deben hacer es sentarse a conversar sobre cómo visualizan ese futuro. Cada uno tiene sus propias aspiraciones, y es importante ponerlas sobre la mesa. Tal vez tú sueñas con comprar una casa, mientras que tu pareja quiere emprender un negocio. O quizás ambos comparten el deseo de viajar por el mundo o de formar una familia. Sea lo que sea, lo crucial es ser honestos y específicos. No basta con decir "quiero vivir bien" o "quiero estabilidad financiera". ¿Qué significa eso en la práctica? ¿Cuánto dinero necesitarán? ¿En cuánto tiempo quieren lograrlo? Estas preguntas son la base para comenzar a construir un plan.

Una vez que tienen claro lo que quieren, el siguiente paso es priorizar. No todas las metas pueden lograrse al mismo tiempo, y tratar de hacerlo todo a la vez puede ser abrumador. Hagan una lista de sus objetivos y decidan cuáles son los más importantes en este momento. Por ejemplo, si están pensando en tener hijos pronto, ahorrar para su educación o para un fondo de emergencias podría ser una prioridad. Si recién están comenzando su vida juntos, tal vez prefieran enfocarse en eliminar deudas o en ahorrar para una casa. El orden no importa tanto como que ambos estén de acuerdo y alineados.

Una vez que han priorizado, es momento de poner números en juego. Cada meta debe tener un costo estimado y un plazo claro. Por ejemplo, si quieren comprar un carro en dos años, necesitan saber cuánto cuesta y cuánto deben ahorrar mensualmente para alcanzarlo. Si planean viajar al extranjero en un año, calculen el costo total y divídanlo en meses para saber cuánto deben apartar. Estos números pueden parecer abrumadores al principio, pero dividirlos en pasos más pequeños los hace manejables y les da claridad.

El siguiente paso es crear un plan financiero que respalde sus metas. Aquí es donde el presupuesto se convierte en su mejor amigo. Miren sus ingresos y gastos actuales y decidan cuánto pueden destinar a cada meta. Es posible que tengan que hacer algunos ajustes, como reducir ciertos gastos no esenciales o buscar formas de generar ingresos adicionales. Lo importante es que ambos estén dispuestos a hacer sacrificios razonables para alcanzar sus objetivos. Esto no significa que deban privarse de todo placer o diversión, pero sí que deben ser conscientes de sus decisiones financieras.

Es fundamental recordar que diseñar un futuro juntos no significa renunciar a los sueños individuales. Cada uno debe tener espacio para perseguir sus propias metas personales, ya sea tomar un curso, ahorrar para un hobby o invertir en algo que les apasione. Al mismo tiempo, las metas compartidas fortalecen el sentido de equipo y les dan un propósito común. La clave está en encontrar un equilibrio donde ambos se sientan apoyados y valorados.

Una herramienta que puede ayudar mucho es revisar sus metas regularmente. La vida cambia, y sus prioridades también pueden hacerlo. Tal vez un objetivo que parecía importante hace un año ya no lo sea tanto, o tal vez han logrado ahorrar más rápido de lo esperado y ahora pueden enfocarse en algo nuevo. Programen revisiones trimestrales o semestrales para ver cómo van avanzando y hacer los ajustes necesarios. Este hábito no solo les permite mantenerse en el camino, sino que también fortalece la comunicación y evita malentendidos.

Algo que no pueden dejar de lado es celebrar cada logro, por pequeño que sea. Ahorrar el primer 10 por ciento de su meta o pagar una deuda significativa son razones para sentirse orgullosos. Reconocer estos avances no solo les motiva a seguir adelante, sino que también les recuerda que están construyendo algo juntos. Estas celebraciones pueden ser tan simples como una cena especial en casa o tan significativas como planear una actividad que ambos disfruten.

Diseñar un futuro juntos también implica estar preparados para lo inesperado. La vida no siempre sale como la planeamos, y es importante tener un plan de contingencia. Un fondo de emergencias puede ser su mejor aliado en momentos de incertidumbre, ya que les da la tranquilidad de saber que pueden enfrentar imprevistos sin poner en riesgo sus metas. Además, considerar seguros de salud, vida o vivienda es una forma de proteger lo que están construyendo.

Finalmente, recuerden que el proceso de diseñar un futuro juntos no es algo que se hace una vez y ya. Es un viaje continuo que requiere comunicación, flexibilidad y compromiso. Habrá momentos en los que todo salga según el plan y otros en los que tengan que hacer ajustes. Pero lo importante es que lo están haciendo juntos, como un equipo. Al final, no se trata solo de las metas que alcancen, sino de cómo ese proceso fortalece su relación y les ayuda a crecer como pareja.

Construir un futuro en pareja es uno de los mayores actos de amor y confianza que pueden hacer. Es decirle al otro: estoy contigo en esto, en los buenos y malos momentos, en los logros y los desafíos. Y cuando miren hacia atrás y vean todo lo que han logrado juntos, cada esfuerzo habrá valido la pena. El futuro no se construye solo, pero con compromiso, comunicación y trabajo en equipo, pueden diseñar una vida que ambos amen y disfruten plenamente.

Presupuesto para Dos

Cuando una pareja comienza a manejar sus finanzas juntas, una de las herramientas más importantes que pueden implementar es un presupuesto. Es como un mapa que les muestra hacia dónde va su dinero y cómo pueden dirigirlo para que trabaje a su favor. Un presupuesto no es una camisa de fuerza ni algo aburrido; es una forma de asegurarse de que ambos están en la misma página y de que sus metas financieras se están cumpliendo. No importa cuánto ganen o cuánto gasten, el presupuesto es para todos, y en una relación, es aún más importante porque les ayuda a evitar conflictos y malentendidos.

El primer paso para crear un presupuesto en pareja es sentarse juntos y conocer la realidad financiera de ambos. Esto significa ser completamente honestos acerca de sus ingresos, gastos, deudas y ahorros. No es momento para secretos ni para maquillarlo todo. Si uno de los dos tiene deudas o compromisos financieros importantes, es fundamental ponerlo sobre la mesa. Este ejercicio no solo les da una visión clara de dónde están parados, sino que también fomenta la transparencia y la confianza.

Una vez que tienen un panorama completo, el siguiente paso es anotar todos sus ingresos y gastos. En esta etapa, es útil separar los gastos en dos categorías principales: los fijos y los variables. Los gastos fijos son aquellos que no cambian mucho mes a mes, como el alquiler, los servicios, las deudas o los seguros. Los variables, por otro lado, incluyen cosas como comida, entretenimiento, ropa y cualquier gasto que pueda fluctuar. Para hacer esto, pueden revisar sus extractos bancarios de los últimos meses y tomar un promedio de lo que han estado gastando en cada categoría.

Ahora que tienen todo registrado, es momento de analizar y ajustar. El objetivo de un presupuesto no es solo registrar, sino también encontrar áreas donde puedan mejorar. Por ejemplo, si descubren que están gastando demasiado en comidas fuera de casa, pueden decidir reducir esa categoría y destinar ese dinero a algo más importante, como sus ahorros o el pago de deudas. Aquí es donde entra el trabajo en equipo. No se trata de que uno imponga sus ideas sobre el otro, sino de llegar a acuerdos que funcionen para ambos.

Una de las decisiones más importantes que deben tomar al crear un presupuesto para dos es cómo dividirán los gastos. Esto depende mucho de la dinámica de cada pareja. Algunas parejas optan por dividir todo a la mitad, mientras que otras prefieren hacerlo en proporción a sus ingresos. Por ejemplo, si uno gana más que el otro, puede contribuir con un porcentaje mayor al total de los gastos compartidos. No hay una regla fija, pero lo esencial es que ambos se sientan cómodos con el arreglo. Si una de las partes siente que está cargando con más de lo justo, eso puede generar tensiones.

Además de cubrir los gastos mensuales, su presupuesto debe incluir ahorros y metas a largo plazo. Aquí es donde pueden empezar a trabajar en sus sueños compartidos, como comprar una casa, viajar o formar una familia. Establezcan un porcentaje de sus ingresos que destinarán a estas metas y traten de automatizar esos ahorros para que no se conviertan en una opción, sino en una parte fija de su presupuesto.

También es importante tener un fondo de emergencias en su presupuesto. La vida está llena de imprevistos, y tener un colchón financiero les da tranquilidad y estabilidad. Este fondo debería cubrir al menos tres a seis meses de gastos básicos y estar en una cuenta de fácil acceso. Tal vez no sea la parte más emocionante de su presupuesto, pero es una de las más necesarias.

Un aspecto clave del presupuesto para dos es que debe ser flexible. No todos los meses serán iguales, y es probable que necesiten hacer ajustes a medida que surjan nuevos gastos o cambien sus prioridades. Por eso, es recomendable revisar su presupuesto regularmente, idealmente una vez al mes. Esto les permite ver cómo van avanzando, corregir errores y celebrar los progresos. Por ejemplo, si lograron ahorrar más de lo planeado o reducir un gasto innecesario, eso es algo que merece reconocimiento.

Hacer un presupuesto en pareja también puede ser una oportunidad para fortalecer la relación. Aunque al principio pueda parecer un ejercicio meramente práctico, es mucho más que eso. Es una forma de trabajar juntos, de aprender a comunicarse y de apoyarse mutuamente en sus metas.

Durante estas conversaciones, es probable que aprendan cosas nuevas el uno del otro, como qué valoran más o qué les preocupa en el ámbito financiero.

Por último, recuerden que el presupuesto no es un fin en sí mismo, sino una herramienta para alcanzar sus metas y vivir la vida que quieren. No lo vean como una lista de restricciones, sino como un plan que les permite tomar el control de su dinero y usarlo de manera intencional. Y, sobre todo, no olviden ser pacientes. Crear un presupuesto y ajustarse a él lleva tiempo, pero con práctica y compromiso, se convierte en un hábito que transforma su relación con el dinero y refuerza su relación como pareja.

Un presupuesto para dos no solo organiza sus finanzas, sino que también les da la oportunidad de construir algo juntos. Es el reflejo de su amor, sus sueños y su disposición para trabajar como un equipo. Cuando ambos aportan y respetan el plan, están invirtiendo no solo en su bienestar financiero, sino también en el éxito de su relación. Con el tiempo, verán que cada sacrificio y cada esfuerzo valen la pena, porque están creando una vida que ambos podrán disfrutar plenamente.

Cuentas Separadas, Conjuntas o Mixtas

Cuando una pareja comienza a organizar sus finanzas, una de las preguntas más importantes es cómo manejarán el dinero en términos prácticos. ¿Deberían tener cuentas separadas, una cuenta conjunta o una combinación de ambas? Esta decisión no tiene una respuesta única, ya que cada pareja es diferente y lo que funciona para una puede no ser ideal para otra. Lo más importante es encontrar un sistema que les dé tranquilidad, facilite la organización y refuerce la confianza mutua.

Tener cuentas separadas significa que cada uno mantiene su dinero en su propia cuenta bancaria, tal como lo hacía antes de la relación. Este método puede funcionar muy bien para parejas que valoran mucho su independencia financiera o que tienen ingresos muy diferentes y prefieren administrar su propio dinero. En este sistema, los gastos compartidos, como el alquiler, los servicios o las compras del supermercado, se dividen de manera acordada. Por ejemplo, podrían decidir que cada uno aporte la mitad, o que contribuyan según el porcentaje de lo que ganan. Este enfoque permite que cada uno tenga control total sobre sus ingresos y gastos, y puede evitar tensiones si uno de los dos tiende a ser más cuidadoso o más gastador.

Sin embargo, las cuentas separadas también pueden tener sus desafíos. Por ejemplo, puede resultar complicado dividir los gastos de manera justa, especialmente si no tienen ingresos similares. Además, este sistema requiere una comunicación constante para asegurarse de que los pagos compartidos se realicen a tiempo y sin problemas. Si uno de los dos olvida pagar su parte de una factura o no está de acuerdo con cómo se están dividiendo los gastos, pueden surgir tensiones. Por eso, aunque las cuentas separadas ofrecen independencia, también requieren organización y compromiso para funcionar bien.

Por otro lado, tener una cuenta conjunta implica que ambos depositan su dinero en una sola cuenta y lo usan para cubrir todos los gastos, tanto compartidos como individuales. Este sistema puede ser ideal para parejas que quieren manejar sus finanzas como un equipo completamente unido. La cuenta conjunta facilita la administración de los gastos compartidos, ya que no es necesario dividir ni transferir dinero constantemente. Además, fomenta la transparencia, porque ambos tienen acceso a los movimientos de la cuenta y pueden ver exactamente en qué se está gastando el dinero.

No obstante, una cuenta conjunta también puede tener sus desventajas. Para que este sistema funcione, ambos deben estar completamente alineados en sus hábitos financieros y en las decisiones de gasto. Si uno de los dos tiene una mentalidad más ahorrativa y el otro es más impulsivo con el dinero, puede haber fricciones. También puede ser complicado mantener cierta privacidad financiera. Por ejemplo, si quieres hacerle un regalo sorpresa a tu pareja, será difícil ocultarlo si ambos ven los movimientos de la cuenta. Además, las cuentas conjuntas requieren un alto nivel de confianza, ya que ambos tendrán acceso completo al dinero compartido.

Una opción intermedia, y probablemente la más popular, es el sistema mixto, que combina cuentas separadas y una cuenta conjunta. En este caso, cada uno mantiene su cuenta personal para sus gastos individuales, pero también abren una cuenta compartida para cubrir los gastos comunes. Por ejemplo, pueden usar la cuenta conjunta para pagar el alquiler, los servicios, la comida y cualquier otro gasto compartido, mientras que las cuentas personales se usan para gastos propios, como hobbies, ropa o salidas con amigos.

El sistema mixto tiene varias ventajas. Por un lado, les da una estructura clara para manejar los gastos compartidos, pero también les permite mantener cierta independencia financiera. Cada uno puede gastar su dinero personal como prefiera, sin sentir que está siendo juzgado por su pareja. Además, este sistema reduce los conflictos, ya que las reglas son claras: el dinero de la cuenta conjunta es para lo que acordaron, y el de las cuentas personales es para que cada uno lo administre como quiera.

Para que cualquiera de estos sistemas funcione, es fundamental definir reglas claras desde el principio. Si optan por cuentas separadas, deben acordar cómo dividirán los gastos y asegurarse de que ambos cumplan con su parte. Si eligen una cuenta conjunta, es importante establecer un presupuesto y discutir cualquier gasto significativo antes de hacerlo. Y si prefieren el sistema mixto, deben decidir cuánto aportará cada uno a la cuenta conjunta y cómo manejarán los ahorros y metas compartidas.

La clave para elegir el sistema correcto no está en cuál es más popular o cuál parece más fácil, sino en lo que se ajusta mejor a sus valores y dinámica como pareja. Por ejemplo, si ambos valoran mucho su independencia financiera, probablemente prefieran cuentas separadas o el sistema mixto. Pero si se sienten más cómodos manejando todo en conjunto y confían plenamente en los hábitos financieros del otro, una cuenta conjunta puede ser la mejor opción.

También es importante recordar que esta decisión no tiene que ser definitiva. Si prueban un sistema y descubren que no les funciona, siempre pueden cambiarlo. La flexibilidad es esencial en las finanzas de pareja, porque las necesidades y circunstancias cambian con el tiempo. Por ejemplo, lo que funciona cuando recién empiezan a vivir juntos puede no ser ideal si deciden casarse, tener hijos o emprender juntos.

En última instancia, el sistema que elijan debe cumplir con un objetivo principal: facilitar su vida y reducir el estrés relacionado con el dinero. Si una opción les genera más conflictos que beneficios, es señal de que quizás necesitan ajustar su enfoque. Lo más importante es que ambos se sientan cómodos, valorados y respetados en la forma en que manejan el dinero.

No importa si deciden tener cuentas separadas, conjuntas o mixtas. Lo que realmente importa es que la decisión sea mutua, esté basada en una comunicación abierta y les permita construir una vida financiera en la que ambos se sientan seguros y satisfechos. Al final del día, el sistema que elijan es solo una herramienta; lo que hace que funcione es el compromiso, la confianza y la disposición de trabajar juntos como un verdadero equipo.

Equidad vs. Igualdad

Cuando se trata de manejar el dinero en pareja, un concepto que a menudo genera confusión es la diferencia entre equidad e igualdad. Aunque ambas palabras parecen similares, representan enfoques muy distintos, y entenderlas es clave para construir una relación financiera sólida y justa. Muchas parejas caen en la trampa de buscar igualdad en todo, pensando que eso es lo justo, pero la realidad es que la equidad suele ser un camino más efectivo para mantener la armonía y el balance en una relación.

La igualdad, en términos financieros, significa que ambos aportan la misma cantidad de dinero para los gastos compartidos, sin importar las circunstancias. Por ejemplo, si el alquiler cuesta mil dólares, cada uno debería contribuir con quinientos. Este enfoque puede parecer justo a simple vista, porque los números se dividen en partes iguales. Sin embargo, no siempre considera las diferencias en los ingresos, responsabilidades o necesidades de cada uno.

Imagina que uno de los dos gana el doble que el otro. Si ambos tienen que aportar la misma cantidad, la persona con el ingreso más bajo podría estar sacrificando una proporción mucho mayor de su dinero para cubrir los mismos gastos. Esto no solo puede generar estrés financiero, sino también sentimientos de frustración o resentimiento. Por otro lado, para la persona con mayores ingresos, aportar la misma cantidad puede no representar un gran esfuerzo, pero si no reconoce la diferencia de sacrificios, puede parecer insensible o desconectado de la realidad de su pareja.

La equidad, en cambio, significa que ambos contribuyen de acuerdo con sus posibilidades y circunstancias, de manera que el esfuerzo sea proporcional. En el ejemplo del alquiler, en lugar de dividirlo en partes iguales, podrían decidir que la persona con mayores ingresos aporte un porcentaje más alto. Por ejemplo, si uno gana el 70 por ciento del total de los ingresos de la pareja y el otro el 30 por ciento, podrían dividir el alquiler en esa proporción. Esto no solo alivia la carga de la persona con menos ingresos, sino que también refleja una comprensión más profunda de lo que significa ser un equipo.

La equidad no se trata solo de dinero, sino de reconocer que cada uno aporta algo valioso a la relación, ya sea en términos financieros, emocionales o prácticos. Tal vez uno de los dos gana menos, pero contribuye más en otras áreas, como el cuidado del hogar, la planificación de las comidas o la organización de las finanzas. Este tipo de aportes, aunque no se puedan medir en dinero, también tienen un gran valor y deben ser reconocidos.

Para aplicar la equidad en sus finanzas, lo primero que deben hacer es analizar su situación como pareja. Hablen abiertamente sobre cuánto gana cada uno, cuáles son sus gastos individuales y cuáles son sus metas compartidas. También es importante considerar factores como deudas, ahorros y responsabilidades familiares. Por ejemplo, si uno de ustedes está pagando un préstamo estudiantil o apoyando a un familiar, eso debería tenerse en cuenta al momento de decidir cómo dividir los gastos.

Una vez que tienen claro el panorama, pueden acordar un sistema que funcione para ambos. Si deciden dividir los gastos en proporción a sus ingresos, establezcan los porcentajes y asegúrense de que ambos entienden cómo se calculan. También pueden optar por un enfoque mixto, donde ciertos gastos se dividen de manera igualitaria y otros de manera proporcional. Por ejemplo, podrían dividir el alquiler en proporción a sus ingresos, pero compartir los gastos de entretenimiento o salidas de manera igualitaria.

Lo importante es que el sistema que elijan refleje sus valores y prioridades como pareja. Tal vez para ustedes sea más importante asegurarse de que ninguno se sienta sobrecargado, o tal vez prefieren mantener cierta igualdad en algunos aspectos para evitar complicaciones. No hay una fórmula única, pero lo esencial es que ambos se sientan cómodos y respetados con el acuerdo.

Uno de los retos de la equidad es que puede requerir más comunicación y ajustes con el tiempo. A medida que cambian las circunstancias, como aumentos salariales, cambios de empleo o nuevos gastos, es probable que necesiten reevaluar cómo están dividiendo los gastos. Esto no es algo malo; al contrario, es una oportunidad para seguir fortaleciendo su relación y asegurarse de que ambos están en sintonía.

Un aspecto importante de la equidad es que también se aplica a las metas financieras compartidas. Por ejemplo, si están ahorrando para un viaje, una casa o cualquier otro objetivo, pueden decidir cuánto aportará cada uno según sus posibilidades. Este enfoque no solo hace que el proceso sea más llevadero, sino que también refuerza la idea de que están trabajando juntos hacia un propósito común.

Al final del día, lo que realmente importa no es si optan por la igualdad o la equidad en sus finanzas, sino que ambos estén de acuerdo con el sistema y lo consideren justo. La justicia en una relación no siempre significa que todo se divida en partes iguales; a veces significa que ambos aportan lo mejor que pueden, de acuerdo con lo que tienen y lo que pueden ofrecer.

Cuando entienden y aplican la equidad, están demostrando que se valoran mutuamente, no solo como individuos, sino también como un equipo. Están diciendo que ambos son importantes, que sus esfuerzos cuentan y que están dispuestos a apoyarse en las diferencias. Este enfoque no solo fortalece sus finanzas, sino también su relación, porque les permite construir una vida juntos desde un lugar de comprensión y respeto mutuo.

La equidad es, en esencia, un acto de amor. Es reconocer que, aunque no siempre puedan aportar lo mismo, ambos están comprometidos a dar lo mejor de sí para construir algo juntos. Y en una relación, eso es lo que realmente importa: saber que están en el mismo equipo, caminando hacia el mismo destino, apoyándose el uno al otro en el camino.

El Fondo de Emergencias en Pareja

Hablar de dinero en pareja suele centrarse en los planes y metas que quieren alcanzar juntos, pero pocas veces se habla de los imprevistos. Sin embargo, una de las mejores maneras de proteger su relación y sus finanzas es prepararse para lo inesperado, y ahí es donde entra en juego el fondo de emergencias. Este fondo no solo es una herramienta financiera esencial, sino también una manera de construir estabilidad y seguridad como pareja.

El fondo de emergencias es, como su nombre lo indica, un monto de dinero reservado exclusivamente para situaciones imprevistas. Estas pueden ser muchas cosas: una reparación costosa del automóvil, una emergencia médica, la pérdida de empleo de uno de los dos o incluso un gasto inesperado relacionado con el hogar. Tener un fondo de emergencias significa que, cuando la vida les lanza una sorpresa desagradable, no tendrán que recurrir a deudas o a sacrificar otras metas para resolver el problema.

El primer paso para crear un fondo de emergencias en pareja es decidir cuánto necesitan ahorrar. Una regla general es que este fondo debería cubrir entre tres y seis meses de gastos básicos. Esto incluye cosas como el alquiler o la hipoteca, servicios, comida, transporte y cualquier otro gasto necesario para mantener su estilo de vida actual. Si ambos tienen ingresos estables y empleos seguros, tal vez tres meses sean suficientes, pero si uno de los dos trabaja por cuenta propia o en una industria más volátil, sería mejor apuntar a los seis meses o incluso más.

Una vez que tienen claro el monto objetivo, el siguiente paso es decidir cómo van a financiarlo. Aquí es donde la comunicación y el trabajo en equipo son cruciales. Si ambos tienen ingresos, pueden decidir cuánto aportará cada uno según sus posibilidades. Tal vez uno pueda destinar un porcentaje mayor porque gana más, o quizás prefieran dividirlo en partes iguales. Lo importante es que acuerden un plan y sean consistentes con él.

Ahorrar para un fondo de emergencias no tiene que ser un proceso abrumador. Pueden empezar poco a poco, destinando un porcentaje fijo de sus ingresos cada mes. Por ejemplo, podrían decidir ahorrar el diez por ciento de lo que ganan hasta alcanzar el monto deseado. Si tienen algún ingreso extra, como un bono o una devolución de impuestos, pueden destinar una parte o la totalidad de ese dinero al fondo para acelerarlo.

Es importante que este fondo esté en un lugar seguro y accesible, pero no tan accesible como para que sea tentador usarlo para cualquier cosa. Una cuenta de ahorros separada puede ser una buena opción. Si bien no ganarán mucho interés en este tipo de cuentas, lo esencial es que el dinero esté disponible cuando realmente lo necesiten. Eviten invertirlo en algo que pueda perder valor o que no puedan retirar fácilmente en caso de emergencia.

Una de las claves para que el fondo de emergencias funcione es establecer reglas claras sobre cuándo y cómo usarlo. Ambos deben estar de acuerdo en que este dinero no es para vacaciones, compras impulsivas ni proyectos personales, sino exclusivamente para situaciones que realmente lo ameriten. Tener esta conversación desde el principio evita malentendidos y asegura que ambos respeten el propósito del fondo.

Cuando finalmente logren alcanzar el monto deseado, no olviden revisar y actualizar su fondo de emergencias de vez en cuando. Sus circunstancias pueden cambiar con el tiempo. Tal vez se muden a un lugar con costos de vida más altos, tengan hijos o experimenten cambios en sus ingresos. Cualquiera de estas situaciones puede significar que necesitan ajustar el tamaño de su fondo.

Además, recuerden que usar el fondo de emergencias no significa que hayan fallado en su planificación financiera. Al contrario, significa que se prepararon para algo que podría haber causado un gran estrés. Si tienen que usarlo, simplemente vuelvan a enfocarse en reponerlo tan pronto como puedan. El objetivo es que siempre esté listo para protegerlos cuando más lo necesiten.

Más allá de los beneficios financieros, tener un fondo de emergencias en pareja también tiene un impacto emocional positivo. Saber que tienen un colchón financiero les da tranquilidad y reduce la ansiedad sobre el futuro. También fortalece su relación, porque demuestra que están trabajando juntos para enfrentar cualquier desafío que pueda surgir.

Crear un fondo de emergencias no es solo una tarea práctica, sino un acto de amor y responsabilidad mutua. Es decirle a tu pareja que su seguridad y bienestar son importantes para ti, y que estás dispuesto a hacer el esfuerzo para asegurarte de que ambos puedan superar cualquier adversidad. Cuando la vida se pone difícil, no hay nada más valioso que saber que tienes un plan y a alguien a tu lado dispuesto a apoyarte.

En muchos sentidos, el fondo de emergencias es un símbolo de lo que significa estar en una relación comprometida. No se trata solo de los momentos felices y los sueños compartidos, sino también de estar preparados para los desafíos y de enfrentarlos juntos. Porque al final del día, lo que realmente importa no es si la vida les pone obstáculos, sino cómo los enfrentan como equipo. Y con un fondo de emergencias sólido, tendrán una herramienta poderosa para hacerlo.

Cuando uno Gana más que el Otro

En muchas parejas, es común que uno de los dos gane más dinero que el otro, y aunque esto no debería ser un problema, puede convertirse en un tema sensible si no se maneja con cuidado. Las diferencias de ingresos pueden generar tensiones, malentendidos o incluso inseguridades si no se abordan con comunicación abierta y empatía. Pero también pueden ser una oportunidad para fortalecer la relación si ambos trabajan juntos para encontrar un balance que funcione para los dos.

Cuando uno gana más que el otro, lo primero que hay que reconocer es que esto no tiene nada de malo. Las diferencias en los ingresos pueden depender de muchos factores, como las elecciones de carrera, el nivel de experiencia, las oportunidades laborales o incluso las circunstancias personales. Lo importante es entender que el valor de una persona en la relación no está determinado por cuánto dinero aporta, sino por todo lo que contribuye, ya sea en términos financieros, emocionales o prácticos.

Uno de los principales desafíos en estas situaciones es evitar que las diferencias de ingresos se conviertan en una fuente de desigualdad o resentimiento. Por ejemplo, si el que gana más asume automáticamente el control de todas las decisiones financieras, puede hacer que la otra persona se sienta menospreciada o sin voz. Por otro lado, si el que gana menos siente que no está contribuyendo lo suficiente, puede desarrollar sentimientos de culpa o inseguridad. Para evitar esto, es fundamental establecer desde el principio que ambos son iguales en la relación, independientemente de cuánto dinero aporten.

Una forma práctica de manejar estas diferencias es dividir los gastos en proporción a los ingresos. Esto significa que, en lugar de dividir todo a la mitad, cada uno contribuye según lo que puede. Por ejemplo, si uno gana el 60 por ciento del total de los ingresos de la pareja y el otro el 40 por ciento, pueden dividir los gastos en esa proporción. Este enfoque asegura que ninguno de los dos se sienta abrumado o en desventaja, y refuerza la idea de que están trabajando juntos como un equipo.

Sin embargo, es importante que esta proporción no se convierta en una regla rígida. Habrá momentos en los que tal vez el que gana más pueda o quiera cubrir un gasto mayor, y eso está bien, siempre y cuando sea algo acordado y no se haga sentir al otro como una carga. Lo ideal es que ambos sientan que están contribuyendo de manera justa y que las decisiones financieras se toman en conjunto.

Otro aspecto crucial es cómo manejan las metas financieras compartidas. Si uno gana más, puede ser tentador imponer un ritmo o unas expectativas que sean difíciles de alcanzar para el otro. Por ejemplo, puede que el que gana más quiera ahorrar rápidamente para comprar una casa o hacer un viaje costoso, mientras que el que gana menos se sienta presionado o incapaz de contribuir al mismo nivel. En estos casos, es fundamental encontrar un equilibrio que tenga en cuenta las capacidades y necesidades de ambos.

También es importante que el que gana más no asuma que puede decidir unilateralmente cómo gastar o ahorrar el dinero de la pareja. Incluso si aporta una mayor cantidad, las decisiones financieras deben ser siempre consensuadas. Esto no solo refuerza la igualdad en la relación, sino que también evita conflictos y malentendidos a largo plazo.

Por otro lado, el que gana menos debe recordar que su contribución no se limita al dinero. Tal vez aporta más en términos de tiempo, esfuerzo o cuidado del hogar, y eso también tiene un valor inmenso. En una relación saludable, ambas personas reconocen y aprecian lo que el otro aporta, sin importar si se mide en dinero o de otras maneras.

La comunicación abierta es esencial para manejar estas diferencias. Hablen sobre cómo se sienten con respecto a sus ingresos, sus expectativas y cualquier preocupación que puedan tener. Tal vez uno de ustedes se sienta incómodo al aceptar ayuda financiera del otro, o tal vez el que gana más tenga miedo de que su pareja se sienta dependiente. Estas conversaciones pueden ser difíciles al principio, pero son necesarias para construir confianza y comprensión mutua.

Además, es importante celebrar juntos los logros financieros, sin importar de quién provengan. Si uno recibe un aumento o un bono, celébrelo como un logro compartido. Si el otro encuentra formas creativas de ahorrar dinero o hacer más eficiente el presupuesto, también es motivo de celebración. Reconocer y valorar lo que cada uno aporta refuerza la idea de que son un equipo.

Las diferencias de ingresos también pueden cambiar con el tiempo. Tal vez el que gana menos en este momento esté invirtiendo en su educación o formación para avanzar en su carrera, o tal vez uno de los dos decida tomar un empleo menos remunerado para tener más tiempo para la familia. Estas decisiones deben tomarse juntos, considerando lo que es mejor para ambos a largo plazo.

Al final del día, lo que realmente importa no es cuánto gana cada uno, sino cómo manejan su dinero como pareja. La clave está en trabajar juntos, ser flexibles y recordar que están en el mismo equipo. Las diferencias de ingresos no tienen que ser un problema; pueden ser una oportunidad para aprender, crecer y fortalecer su relación.

En una relación saludable, el dinero no es una herramienta para medir el poder o el valor, sino un recurso que ambos usan para construir la vida que quieren. Cuando entienden esto, las diferencias de ingresos dejan de ser un obstáculo y se convierten en una parte más de su viaje juntos. Porque al final, lo que realmente importa no es cuánto dinero entra, sino cómo lo usan para apoyarse, cuidarse y crecer como pareja.

Deudas Compartidas y Estrategias de Pago

Las deudas son una realidad para muchas parejas. Ya sea que hayan adquirido préstamos juntos, como una hipoteca o un préstamo para un auto, o que cada uno traiga consigo deudas individuales, como tarjetas de crédito o préstamos estudiantiles, estas pueden convertirse en una fuente importante de estrés si no se manejan de forma adecuada. Pero con una buena estrategia y mucha comunicación, las deudas no tienen por qué convertirse en un obstáculo insuperable. Al contrario, pueden ser una oportunidad para trabajar como equipo y fortalecer su relación.

El primer paso para manejar las deudas en pareja es poner todas las cartas sobre la mesa. Esto significa ser completamente transparentes sobre lo que deben, cuánto es el monto total, cuáles son las tasas de interés y cuáles son los plazos de pago. Este ejercicio puede ser incómodo, especialmente si uno de los dos siente que tiene más deudas que el otro, pero es fundamental para comenzar con una base de confianza y honestidad.

Una vez que tienen claro el panorama, deben decidir juntos cómo abordarán las deudas. Si las deudas son compartidas, como un préstamo adquirido en conjunto, es más sencillo porque ambos son responsables de esa obligación y pueden decidir cómo dividir los pagos. En cambio, si las deudas son individuales, la conversación puede ser un poco más compleja. Algunos prefieren que cada quien se haga cargo de sus propias deudas, mientras que otros optan por manejarlas como un equipo, viendo todo como parte de las finanzas de la pareja. No hay una única respuesta correcta, pero lo importante es que ambos estén de acuerdo con el enfoque.

Una estrategia efectiva para pagar las deudas es priorizarlas según la tasa de interés. Esto se conoce como el método de la avalancha. Identifiquen cuál de las deudas tiene la tasa de interés más alta y enfoquen sus recursos en pagar esa deuda primero, mientras continúan haciendo los pagos mínimos en las demás. Una vez que eliminen esa deuda, pueden pasar a la siguiente en la lista, y así sucesivamente. Este enfoque les permite ahorrar dinero a largo plazo, ya que reducen la cantidad de intereses que tienen que pagar.

Otro método popular es el de la bola de nieve. En este caso, se enfocan primero en la deuda más pequeña, independientemente de la tasa de interés. Al eliminar rápidamente una deuda, sienten un logro que les da motivación para continuar con las siguientes. Aunque este método puede ser menos eficiente en términos de intereses, muchas parejas encuentran que el impulso emocional es invaluable.

Independientemente del método que elijan, es importante que establezcan un presupuesto que les permita destinar una cantidad fija a las deudas cada mes. Esto puede significar ajustar algunos gastos, pero es un sacrificio temporal que vale la pena para lograr la libertad financiera. Si no saben por dónde empezar, pueden comenzar por revisar sus ingresos y gastos actuales, identificar áreas donde pueden reducir costos y usar esos ahorros para pagar las deudas más rápido.

Otro aspecto clave es evitar acumular nuevas deudas mientras están trabajando en pagar las existentes. Esto puede requerir cambios en sus hábitos de gasto, como limitar el uso de tarjetas de crédito o evitar compras innecesarias. También es una buena idea construir un pequeño fondo de emergencias antes de enfocarse completamente en las deudas, ya que esto les dará un colchón financiero en caso de imprevistos y evitará que tengan que recurrir a más deuda.

Las deudas compartidas, como una hipoteca, requieren una planificación aún más detallada. Asegúrense de incluir estos pagos en su presupuesto conjunto y de mantener un registro claro de quién está aportando qué. Si uno de los dos tiene más capacidad para contribuir en un momento dado, hablen sobre cómo manejarlo de manera que sea justo para ambos. La clave aquí es la flexibilidad y la comunicación constante.

Si las deudas individuales son una fuente de tensión, consideren buscar apoyo externo, como un asesor financiero. A veces, tener una perspectiva neutral puede ayudarles a encontrar soluciones que no habían considerado. Además, un asesor puede ayudarles a estructurar un plan de pago que sea realista y que funcione para su situación específica.

No subestimen el impacto emocional de las deudas. Es normal que uno o ambos sientan ansiedad, frustración o incluso vergüenza al respecto. En estos momentos, es importante recordar que las deudas no definen quiénes son como personas ni como pareja. Lo que realmente importa es cómo enfrentan el problema juntos. Hablen abiertamente sobre cómo se sienten, apoyen a su pareja si está lidiando con emociones negativas y celebren cada pequeño progreso que logren en el camino.

A medida que avanzan en su plan de pago, también es una buena idea establecer metas financieras para el futuro. Tal vez quieren ahorrar para un viaje, comprar una casa o simplemente construir un fondo de ahorro sólido. Tener metas claras les da algo positivo en lo que enfocarse y les recuerda por qué están haciendo el esfuerzo de pagar sus deudas.

Pagar deudas en pareja no es fácil, pero es una de las mejores maneras de aprender a trabajar en equipo y construir una base sólida para el futuro. Requiere compromiso, paciencia y una buena dosis de comunicación, pero los beneficios valen la pena. No solo mejorarán su situación financiera, sino que también fortalecerán su relación al enfrentar juntos un desafío importante.

Cuando finalmente logren liberarse de las deudas, sentirán un alivio enorme y una sensación de logro compartido. Más que eso, habrán demostrado que pueden superar cualquier obstáculo juntos. Y eso, más que cualquier cifra en una cuenta bancaria, es lo que realmente define a una pareja exitosa.

Finanzas Durante los Momentos Difíciles

Las relaciones pasan por momentos difíciles, y las finanzas no son una excepción. Una pérdida de empleo, una enfermedad inesperada, una crisis económica o incluso una emergencia familiar pueden poner a prueba tanto su situación económica como la fortaleza de su relación. Estos momentos no son fáciles, pero enfrentarlos juntos con planificación, comunicación y apoyo mutuo puede marcar toda la diferencia.

Cuando llegan los tiempos complicados, lo primero que deben hacer como pareja es aceptar la realidad de la situación. A veces, hay una tendencia a minimizar los problemas o a ignorarlos con la esperanza de que desaparezcan, pero esto solo empeora las cosas. Sentarse juntos y hablar abierta y sinceramente sobre lo que está pasando es el primer paso para encontrar soluciones. Pregúntense: ¿qué está cambiando en nuestra situación financiera? ¿Qué ingresos o recursos tenemos disponibles? ¿Cuáles son nuestras prioridades más urgentes?

Uno de los ajustes más importantes que deberán hacer es revisar su presupuesto. En tiempos de estabilidad, el presupuesto es una herramienta para alcanzar metas, pero en tiempos difíciles, se convierte en una herramienta de supervivencia. Identifiquen cuáles son los gastos esenciales, como vivienda, alimentos, servicios básicos y transporte, y eliminen o reduzcan todo lo que no sea absolutamente necesario. Tal vez esto signifique posponer unas vacaciones, limitar salidas o encontrar formas más económicas de cubrir sus necesidades diarias.

Si uno de los dos pierde su ingreso, es fundamental que hablen sobre cómo manejarán esta transición. El que sigue teniendo ingresos tal vez deba asumir una mayor parte de los gastos, y eso puede generar estrés si no se maneja con cuidado. Recuerden que están en esto juntos y que el apoyo mutuo es clave. Para el que está temporalmente sin trabajo, es importante que se sienta valorado y que su contribución a la relación no se mida únicamente en términos económicos. Tal vez ahora pueda encargarse de más tareas en casa o buscar formas creativas de aportar al bienestar de ambos.

Durante estos momentos, un fondo de emergencias puede ser un salvavidas. Si han tenido la oportunidad de construir uno, este es el momento de usarlo. Sin embargo, también es importante usarlo de manera estratégica, priorizando los gastos más críticos y evitando gastarlo en cosas que no sean absolutamente necesarias. Si no tienen un fondo de emergencias, no se culpen; en lugar de eso, concéntrense en cómo pueden manejar la situación con los recursos que tienen disponibles.

Otra herramienta que pueden considerar en tiempos difíciles es la renegociación de deudas o pagos. Muchas instituciones financieras ofrecen opciones para diferir pagos, reducir tasas de interés o establecer planes de pago más manejables durante períodos de crisis. Investigar estas opciones juntos y tomar medidas proactivas puede aliviar algo de la presión financiera.

Además, es importante que ambos mantengan una mentalidad abierta y flexible para adaptarse a los cambios. Tal vez uno de los dos deba buscar un empleo temporal en un área diferente a la que estaba acostumbrado, o tal vez tengan que considerar mudarse a un lugar más económico. Estas decisiones no son fáciles, pero pueden ser necesarias para superar el momento.

En medio de todo esto, es fácil olvidar la importancia de cuidar también su salud emocional y su relación. Los momentos difíciles pueden generar tensiones, y a veces esas tensiones se traducen en discusiones sobre dinero. Es completamente normal sentirse frustrados o preocupados, pero recuerden que están enfrentando el problema, no enfrentándose entre ustedes. Si sienten que las emociones están a flor de piel, tómense un momento para respirar y reencuéntrense como pareja antes de abordar los temas financieros.

Hablar de dinero durante una crisis puede ser incómodo, pero es más importante que nunca mantener las líneas de comunicación abiertas. Compartan sus preocupaciones, sus miedos y sus ideas, y escuchen activamente lo que su pareja tiene que decir. La empatía es crucial en estos momentos. Tal vez uno de ustedes sienta más ansiedad o estrés, y es importante que el otro brinde apoyo en lugar de juicio.

Si bien los tiempos difíciles pueden ser desafiantes, también pueden ser una oportunidad para fortalecer su relación y sus habilidades de trabajo en equipo. Superar una crisis juntos no solo les dará confianza en su capacidad para enfrentar problemas futuros, sino que también les recordará lo importante que es apoyarse mutuamente.

Cuando las cosas empiezan a mejorar, tómense el tiempo para reflexionar sobre lo que aprendieron de la experiencia. Tal vez descubran que pueden vivir con menos de lo que pensaban, o tal vez aprendan la importancia de tener un fondo de emergencias o de planificar con anticipación. Lo más importante es que usen esos aprendizajes para construir un futuro más sólido y preparado.

Los momentos difíciles no son el fin del camino, sino una curva que les desafía a ser más fuertes y más unidos. Si enfrentan estos desafíos con amor, paciencia y comunicación, no solo saldrán adelante, sino que también encontrarán nuevas formas de crecer como pareja. Porque al final del día, lo que realmente importa no es cuánto dinero tienen, sino cómo se apoyan mutuamente para superar cualquier adversidad.

El Dinero y los Roles Tradicionales en la Relación

El dinero y los roles tradicionales en una relación pueden ser un tema complicado. Durante generaciones, muchas parejas han seguido un modelo donde uno de los dos, generalmente el hombre, era el principal proveedor económico, mientras el otro, usualmente la mujer, se encargaba del hogar y la familia. Aunque la sociedad ha cambiado mucho y ahora hay más parejas que comparten las responsabilidades económicas y domésticas, las ideas tradicionales sobre el dinero y los roles todavía influyen en la forma en que muchas personas manejan sus finanzas en pareja.

Para algunas parejas, estos roles tradicionales pueden funcionar perfectamente. Tal vez uno de ustedes se sienta más cómodo trabajando fuera de casa y el otro prefiera dedicarse al cuidado del hogar y los hijos. Esto no tiene nada de malo si ambos están de acuerdo y sienten que es una decisión justa y equilibrada. Pero en otros casos, estos roles pueden generar tensiones, resentimientos o malentendidos, especialmente si no se discuten abiertamente.

Un problema común es cuando uno de los dos siente que tiene más poder o control porque gana más dinero. Esto puede crear un desequilibrio en la relación, donde la persona que aporta económicamente toma todas las decisiones importantes mientras el otro se siente ignorado o subestimado. Por ejemplo, el que trabaja fuera de casa podría asumir que tiene derecho a decidir en qué se gasta el dinero porque cree que su aporte es más valioso. Esto puede llevar a conflictos y hacer que el otro sienta que su contribución, ya sea en el hogar o de otra manera, no es suficientemente valorada.

Es importante recordar que el valor de una persona en una relación no se mide por cuánto dinero gana. En una pareja, ambos aportan de diferentes maneras, y esos aportes deben ser igualmente reconocidos y respetados. Cuidar del hogar, educar a los hijos, manejar las finanzas diarias o simplemente apoyar emocionalmente a tu pareja son contribuciones que tienen un impacto enorme en la relación y en la calidad de vida de ambos.

Para evitar que los roles tradicionales se conviertan en un problema, es crucial que hablen sobre sus expectativas y valores desde el principio. Pregúntense qué significa para cada uno la idea de ser proveedor o cuidador, y si se sienten cómodos con esos roles. Tal vez uno de ustedes haya crecido en una familia donde los roles estaban claramente definidos y asuma que esa es la forma "correcta" de hacer las cosas. Pero eso no significa que sea la única manera, ni que funcione para todos.

Otro aspecto importante es asegurarse de que ambos tengan una voz en las decisiones financieras, independientemente de quién gane más dinero. Esto significa que, aunque uno de los dos no tenga ingresos directos, debe participar en las conversaciones sobre el presupuesto, el ahorro y las metas financieras. De esta manera, ambos se sentirán como socios iguales en la relación, lo cual es fundamental para mantener un equilibrio saludable.

En algunos casos, los roles tradicionales pueden limitar el potencial financiero de la pareja. Por ejemplo, si uno de ustedes tiene el deseo o la oportunidad de desarrollar una carrera, pero siente que debe quedarse en casa por expectativas culturales o familiares, esto puede causar frustración y resentimiento a largo plazo. Es importante que ambos se sientan libres para explorar sus intereses y metas, incluso si eso significa ajustar los roles tradicionales. Tal vez puedan encontrar una manera de compartir las responsabilidades para que ambos puedan crecer y desarrollarse personal y profesionalmente.

Otro desafío es cómo manejar los gastos personales cuando uno de los dos no tiene ingresos propios. En una relación basada en roles tradicionales, es común que la persona que gana el dinero cubra todos los gastos, pero esto puede hacer que el otro se sienta dependiente o culpable al gastar dinero en sí mismo. Para evitar esto, consideren establecer una asignación o un fondo personal para cada uno. Esto le da a ambos la libertad de gastar en cosas que disfrutan sin sentir que tienen que pedir permiso o justificar sus elecciones.

También es importante hablar sobre lo que sucederá si las circunstancias cambian. Tal vez el que trabaja fuera de casa pierda su empleo, o tal vez el que se queda en casa quiera volver a trabajar en algún momento. Estas transiciones pueden ser difíciles, especialmente si están acostumbrados a un modelo tradicional. Pero si mantienen una comunicación abierta y están dispuestos a adaptarse, podrán manejar estos cambios de manera más efectiva.

Finalmente, recuerden que los roles en una relación no tienen que ser estáticos. Lo que funciona para ustedes hoy puede no funcionar dentro de cinco o diez años, y eso está bien. Lo importante es que ambos se sientan cómodos con las decisiones que toman y que esas decisiones reflejen sus valores y necesidades como pareja.

Los roles tradicionales no son ni buenos ni malos en sí mismos; lo que importa es cómo se aplican en su relación. Si ambos están de acuerdo con ellos y se sienten valorados y respetados, entonces no hay problema. Pero si esos roles generan conflictos o desequilibrios, es momento de replantearlos. Al final, lo que realmente importa no es quién hace qué, sino cómo trabajan juntos para construir una relación basada en el amor, la igualdad y el apoyo mutuo. Porque en una pareja, el dinero es solo una herramienta más para alcanzar las metas que comparten, y no debería ser un obstáculo para su felicidad.

Invertir Juntos

Invertir juntos puede ser una de las decisiones financieras más importantes que tomen como pareja. No solo puede ayudarles a construir un futuro más seguro y estable, sino que también puede fortalecer su relación al trabajar hacia metas compartidas. Sin embargo, el proceso de invertir también puede ser intimidante, especialmente si no tienen mucha experiencia en el tema o si tienen enfoques y niveles de tolerancia al riesgo diferentes. Lo bueno es que, con comunicación y un poco de educación financiera, invertir juntos puede convertirse en una experiencia emocionante y gratificante.

El primer paso para empezar a invertir juntos es tener una conversación sincera sobre lo que ambos esperan lograr. ¿Quieren ahorrar para la educación de sus hijos, comprar una casa, planear una jubilación cómoda o simplemente hacer crecer su patrimonio? Tener claro el propósito de sus inversiones les ayudará a determinar qué estrategias seguir y cuánto tiempo están dispuestos a esperar para ver resultados.

Después de definir sus objetivos, es importante que discutan su tolerancia al riesgo. Esto significa hablar sobre cómo se sienten con la idea de invertir en opciones que pueden subir o bajar de valor. Tal vez uno de ustedes sea más conservador y prefiera opciones más seguras, como bonos o certificados de depósito, mientras que el otro esté dispuesto a asumir más riesgos para obtener mayores rendimientos, como invertir en acciones o criptomonedas. Ningún enfoque es mejor que el otro, pero es crucial encontrar un equilibrio que funcione para ambos.

Una vez que estén alineados en sus objetivos y nivel de riesgo, el siguiente paso es aprender sobre las diferentes opciones de inversión disponibles. Esto puede incluir acciones, fondos de inversión, bienes raíces, cuentas de retiro o incluso negocios propios. Si ninguno de los dos tiene experiencia previa, pueden empezar con algo básico, como fondos indexados, que ofrecen una manera simple y diversificada de invertir en el mercado. También es una buena idea buscar información confiable, leer libros o tomar cursos básicos sobre inversiones para que ambos se sientan más seguros al tomar decisiones.

Un punto importante al invertir juntos es decidir de dónde saldrá el dinero para las inversiones. Tal vez decidan destinar una parte de su presupuesto mensual a este propósito, o tal vez prefieran usar dinero extra, como bonos de fin de año o ingresos adicionales. Lo importante es que no inviertan dinero que puedan necesitar a corto plazo. Las inversiones, especialmente las de mayor riesgo, necesitan tiempo para crecer y recuperarse de cualquier fluctuación en el mercado.

Otro aspecto clave es elegir dónde abrir sus cuentas de inversión. Hoy en día, hay muchas plataformas en línea que ofrecen servicios de inversión con tarifas bajas y herramientas fáciles de usar. Antes de elegir una, investiguen cuáles ofrecen las opciones que más se alinean con sus objetivos y asegúrense de que sean plataformas confiables y reguladas. También pueden considerar trabajar con un asesor financiero, especialmente si tienen objetivos más complejos o si necesitan ayuda para estructurar un plan a largo plazo.

Al invertir juntos, es importante recordar que los resultados no siempre son inmediatos. Algunas inversiones tardan años en rendir frutos, y eso está bien. Lo importante es mantenerse constantes y no dejarse llevar por emociones como el miedo o la euforia. Por ejemplo, si los mercados bajan, puede ser tentador vender para evitar más pérdidas, pero muchas veces esta no es la mejor decisión. Invertir requiere paciencia y una mentalidad a largo plazo.

Una estrategia útil para minimizar el riesgo es diversificar sus inversiones. Esto significa no poner todo su dinero en una sola opción, sino repartirlo entre diferentes tipos de activos. Por ejemplo, podrían invertir una parte en acciones, otra en bonos y otra en bienes raíces. De esta manera, si una inversión no funciona tan bien como esperaban, las otras pueden compensar las pérdidas.

Es normal que, al empezar a invertir, surjan preguntas o incluso desacuerdos. Tal vez uno de ustedes quiera invertir en algo que el otro considera demasiado arriesgado, o tal vez tengan diferentes ideas sobre cuánto dinero destinar a este propósito. En estos casos, la comunicación es clave. Escuchen las razones detrás de las opiniones de su pareja y busquen un punto medio que satisfaga a ambos. Tal vez decidan destinar una parte de sus fondos a inversiones más conservadoras y otra parte a opciones más arriesgadas para equilibrar las cosas.

También es importante que revisen regularmente el estado de sus inversiones y se aseguren de que siguen alineadas con sus objetivos. Esto no significa que deban estar monitoreando el mercado todos los días, pero sí que dediquen un tiempo cada cierto período, como cada tres o seis meses, para evaluar cómo van las cosas. Si ven que alguna inversión no está funcionando como esperaban, pueden hacer ajustes según sea necesario.

Invertir juntos no solo es una manera de hacer crecer su dinero, sino también de crecer como pareja. Requiere confianza, trabajo en equipo y una visión compartida del futuro. Cuando se sienten juntos a planificar, a revisar sus metas o a celebrar los logros alcanzados, estarán fortaleciendo su relación tanto como su situación financiera.

Recuerden que no es necesario ser expertos para empezar. Lo más importante es dar el primer paso y aprender en el camino. Las inversiones son una herramienta poderosa para construir estabilidad y lograr metas a largo plazo, pero también son una oportunidad para aprender a tomar decisiones importantes juntos. Con cada elección que hagan, estarán creando no solo un portafolio financiero, sino también una relación más fuerte y más comprometida con su futuro compartido.

Planeación Para el Retiro

La planeación para el retiro es un tema que muchas parejas suelen dejar para después. A veces parece algo muy lejano o complicado, pero lo cierto es que cuanto antes empiecen a planificar, más fácil será alcanzar la tranquilidad económica cuando llegue el momento de retirarse. Pensar en el retiro no es solo cuestión de números, es imaginar cómo quieren vivir esa etapa de sus vidas y qué pasos pueden dar juntos para hacerla realidad.

El primer paso para planificar su retiro es tener una conversación abierta sobre cómo imaginan esa etapa. Pregúntense si sueñan con viajar por el mundo, mudarse a una casa más pequeña y tranquila, dedicarse a un pasatiempo que les apasione o simplemente disfrutar de tiempo de calidad con sus seres queridos. Cada pareja tiene una idea diferente de lo que significa el retiro, y compartir estas visiones les ayudará a establecer metas claras.

Una vez que tengan una idea de cómo quieren que sea su vida en el retiro, es hora de ponerle un precio a ese sueño. ¿Cuánto creen que necesitarán para cubrir sus gastos diarios, atención médica, actividades y cualquier otro plan que tengan? Aquí es importante ser realistas y considerar tanto los gastos básicos como aquellos que podrían surgir de forma inesperada, como tratamientos médicos o reparaciones en su hogar. Recuerden que los costos de vida tienden a aumentar con el tiempo debido a la inflación, así que siempre es mejor planear con un margen extra.

Después de determinar cuánto dinero necesitarán, el siguiente paso es calcular cuánto tiempo tienen para ahorrar. Si están en sus 30 o 40 años, tienen una gran ventaja porque aún tienen varias décadas para prepararse. Pero incluso si empiezan más tarde, no se desanimen. Lo importante es empezar lo antes posible, ya que cada año cuenta cuando se trata de ahorrar e invertir para el futuro.

Una herramienta esencial para la planeación del retiro son las cuentas de ahorro específicas para este propósito. Dependiendo de su país, pueden tener acceso a planes de retiro patrocinados por el empleador, cuentas de ahorro individuales o fondos de pensión.

Investigar estas opciones y aprovecharlas al máximo puede hacer una gran diferencia en cuánto dinero tendrán disponible cuando llegue el momento de retirarse. Si su empleador ofrece un plan con aportaciones equivalentes, asegúrense de aprovecharlo. Estas son oportunidades que básicamente duplican su ahorro sin esfuerzo adicional.

Invertir también es una parte crucial de la planeación para el retiro. Ahorrar dinero en una cuenta de banco puede ser útil, pero a largo plazo, las inversiones suelen ofrecer mejores rendimientos que ayudan a combatir la inflación y a hacer crecer su dinero. Consideren invertir en fondos diversificados, bonos o incluso bienes raíces, dependiendo de su tolerancia al riesgo y sus metas. Si no están seguros de por dónde empezar, consultar con un asesor financiero puede ser una buena idea.

Es importante que hablen sobre cómo dividirán la responsabilidad de ahorrar para el retiro. Tal vez ambos quieran contribuir por igual, o quizás decidan que uno ahorre más mientras el otro se enfoca en otros objetivos financieros. No importa cómo lo hagan, lo crucial es que ambos estén de acuerdo y que cada uno sea consciente de su rol en el plan.

También es útil planear qué sucederá si uno de los dos decide retirarse antes que el otro. Tal vez uno quiera continuar trabajando porque disfruta lo que hace, mientras que el otro prefiera jubilarse temprano para dedicarse a otros intereses. Hablar de estas posibilidades desde ahora les ayudará a evitar sorpresas y conflictos en el futuro.

Otro tema que deben considerar es el acceso a atención médica durante el retiro. A medida que envejecemos, los gastos médicos tienden a aumentar, y es importante estar preparados para cubrirlos. Investigar seguros de salud a largo plazo o programas gubernamentales puede darles tranquilidad en esta área. Asegúrense de incluir este aspecto en su presupuesto de retiro para no enfrentarse a gastos inesperados más adelante.

Si tienen deudas, es fundamental incluirlas en su plan de retiro. Idealmente, deberían trabajar para pagarlas antes de jubilarse, ya que cargar con deudas durante el retiro puede limitar significativamente su calidad de vida. Esto incluye hipotecas, préstamos estudiantiles, tarjetas de crédito o cualquier otro compromiso financiero que puedan tener.

A lo largo de los años, es importante revisar su plan de retiro y ajustarlo según sea necesario. Tal vez cambien de empleo, tengan hijos, enfrenten desafíos inesperados o decidan cambiar su visión de cómo quieren vivir el retiro. Estas circunstancias pueden afectar cuánto necesitan ahorrar o invertir, así que asegúrense de reevaluar su plan cada cierto tiempo para mantenerse en el camino correcto.

No olviden celebrar sus avances. Ahorrar para el retiro puede parecer un esfuerzo a largo plazo sin recompensas inmediatas, pero cada contribución que hagan es un paso hacia la vida que desean construir juntos. Reconozcan los logros que alcanzan como pareja y utilicen esos momentos para reforzar su compromiso mutuo con su futuro.

Planificar para el retiro no es solo una tarea financiera, es una forma de asegurar que podrán disfrutar plenamente de una etapa crucial de sus vidas. Al trabajar juntos, comunicar sus metas y ser consistentes en sus esfuerzos, no solo estarán construyendo un fondo de retiro, sino también fortaleciendo su relación y su confianza mutua. La clave está en empezar hoy, sin importar en qué etapa de la vida se encuentren, porque cada pequeño esfuerzo cuenta para alcanzar el retiro que se merecen.

Dando el Siguiente Paso

Dar el siguiente paso en su vida financiera como pareja puede ser emocionante, pero también desafiante. Este capítulo no se trata de dar un paso en falso o apresurarse sin preparación, sino de construir sobre la base que ya han establecido. Es un llamado a actuar con intención, a tomar decisiones que los acerquen a las metas que se han trazado juntos y a hacerlo de manera que ambos se sientan seguros y comprometidos con el proceso.

El primer paso es identificar cuál es ese siguiente paso para ustedes. Para algunas parejas, puede ser comenzar a invertir por primera vez. Para otras, tal vez sea comprar una casa, pagar deudas importantes o incluso iniciar un negocio juntos. No importa cuál sea su situación, lo importante es definir qué quieren lograr a corto plazo y por qué es importante para ambos. Tener una meta clara les dará dirección y les ayudará a mantenerse enfocados.

Una vez que sepan cuál es el siguiente paso, es momento de trazar un plan detallado. Este plan debe incluir no solo lo que quieren lograr, sino cómo lo harán. Por ejemplo, si su objetivo es comprar una casa, deben investigar cuánto necesitan para el enganche, calcular cuánto pueden pagar mensualmente sin comprometer su estabilidad financiera y considerar otros gastos como impuestos y mantenimiento. Si su objetivo es pagar deudas, determinen cuál abordarán primero, cuánto dinero destinarán mensualmente y cuánto tiempo tomará eliminarlas por completo.

La clave para dar el siguiente paso es actuar de manera conjunta. Esto significa que ambos deben estar alineados y comprometidos con la decisión. Si uno de ustedes no está completamente seguro o se siente presionado, es importante hablarlo antes de avanzar. Dar el siguiente paso juntos no solo es más efectivo, sino que también refuerza la confianza y el sentido de equipo en la relación.

También es útil dividir el objetivo en pasos más pequeños y manejables. Por ejemplo, si quieren ahorrar para un viaje especial, pueden empezar por crear un fondo específico y decidir cuánto aportarán cada mes. Celebrar los pequeños logros en el camino, como alcanzar el 25 por ciento o el 50 por ciento del monto total, puede mantenerlos motivados y hacer que el proceso sea más disfrutable.

Dar el siguiente paso también puede implicar salir de su zona de confort. Tal vez tengan que aprender algo nuevo, como cómo funcionan las inversiones o cómo estructurar un presupuesto más eficiente. Tal vez necesiten renunciar a ciertos hábitos de gasto para priorizar su objetivo. Estos ajustes pueden ser incómodos al principio, pero también son una oportunidad para crecer y fortalecer su relación.

No olviden considerar los posibles riesgos y cómo los manejarán. Por ejemplo, si están pensando en iniciar un negocio, piensen en qué pasará si los ingresos no son los esperados durante los primeros meses. Si planean comprar una casa, consideren cómo cubrirían los pagos en caso de que uno de ustedes pierda su empleo. Tener un plan de respaldo les dará tranquilidad y les permitirá avanzar con mayor seguridad.

Es importante mantener una comunicación constante mientras trabajan hacia su próximo objetivo. Las cosas pueden no salir siempre como lo esperan, y es normal que haya momentos de frustración o duda. Lo importante es seguir hablando, ajustando su plan según sea necesario y apoyándose mutuamente. Recuerden que están en esto juntos, y eso es lo que realmente importa.

El siguiente paso no tiene que ser perfecto, pero sí debe ser un avance. A veces, el miedo a cometer errores puede paralizarlos, pero lo importante es aprender mientras caminan. Incluso si las cosas no salen exactamente como lo habían planeado, cada experiencia les enseñará algo valioso y los acercará más a sus metas a largo plazo.

Por último, no olviden celebrar cuando alcancen su objetivo. No importa si fue algo grande como comprar una casa o algo más sencillo como completar su fondo de emergencia, cada logro merece ser reconocido. Celebren su esfuerzo, su dedicación y el hecho de que trabajaron como equipo para hacerlo realidad.

Dar el siguiente paso no es solo una cuestión financiera, es un acto de confianza y compromiso con su relación. Es una oportunidad para crecer, aprender y fortalecer el vínculo que comparten. Avanzar juntos hacia sus sueños no solo les dará seguridad económica, sino también la satisfacción de saber que están construyendo una vida juntos, paso a paso, decisión tras decisión.

Celebrando los Logros Financieros en Pareja

Celebrar los logros financieros en pareja es una de las mejores formas de fortalecer la relación y mantener la motivación en su camino hacia la estabilidad económica. Muchas veces nos enfocamos tanto en alcanzar la siguiente meta que olvidamos detenernos a reconocer lo que ya hemos logrado. Sin embargo, estos momentos de celebración son esenciales, no solo para su bienestar emocional, sino también para reforzar el sentido de equipo y unión que comparten.

El primer paso para celebrar es reconocer que los logros financieros no siempre tienen que ser grandes para merecer atención. Tal vez lograron pagar una tarjeta de crédito, completar el fondo de emergencias o finalmente crear un presupuesto que ambos pueden seguir sin problemas. Cada avance, por pequeño que parezca, es un reflejo de su esfuerzo y dedicación como pareja, y eso merece ser celebrado.

Una buena manera de comenzar es reflexionar juntos sobre lo que lograron y cómo lo hicieron posible. Hablen sobre los sacrificios que hicieron, los obstáculos que superaron y las decisiones acertadas que tomaron en el camino. Este ejercicio no solo les permitirá valorar su esfuerzo, sino también aprender de la experiencia y aplicar esas lecciones a futuros objetivos.

Celebrar un logro no significa gastar grandes cantidades de dinero o salir de su presupuesto. De hecho, muchas de las mejores celebraciones son simples, significativas y se alinean con sus valores como pareja. Pueden organizar una cena especial en casa, dedicar un día para relajarse y disfrutar de tiempo juntos, o incluso escribir una carta de agradecimiento mutua para expresar lo que aprecian del trabajo en equipo que los llevó a alcanzar esa meta.

Otra opción es planificar una pequeña recompensa que ambos disfruten. Por ejemplo, si lograron ahorrar durante meses para un fondo de emergencias, podrían permitirse un fin de semana fuera de la ciudad o comprar algo que realmente valoren y hayan estado posponiendo. Lo importante es que esta recompensa no ponga en riesgo su progreso financiero, sino que sea una forma de disfrutar los frutos de su esfuerzo sin comprometer sus metas a largo plazo.

Es crucial que cada uno se sienta valorado durante la celebración. Tal vez uno de ustedes manejó más directamente el presupuesto, mientras que el otro fue quien tomó decisiones clave sobre cómo invertir. Ambos roles son importantes, y reconocer las contribuciones individuales fortalece la relación. Tómense un momento para agradecerse mutuamente, incluso por las cosas más pequeñas, como recordarse pagar las cuentas a tiempo o animarse cuando las cosas se pusieron difíciles.

Las celebraciones también son un buen momento para revisar lo que sigue. Una vez que alcanzan un objetivo, es natural pensar en el próximo paso. Pero antes de lanzarse a la siguiente meta, tómense un momento para disfrutar lo que han logrado y visualizar juntos cómo ese logro contribuye al panorama más amplio de su vida financiera.

Compartir sus logros con amigos o familiares cercanos también puede ser una forma de celebrar. No se trata de presumir, sino de inspirar a otros y recibir el apoyo de las personas que los quieren. Contar su historia puede motivar a otras parejas a trabajar en sus propias metas financieras y, al mismo tiempo, reforzar su confianza en lo que han logrado.

No todas las celebraciones necesitan ser inmediatas. A veces, pueden planificar algo más grande para el futuro, como un viaje o un proyecto especial, que sea una forma de conmemorar varios logros importantes. Por ejemplo, podrían decidir que después de alcanzar tres metas financieras consecutivas, se permitirán un viaje a ese lugar que siempre han querido visitar. Esto no solo les da algo que esperar, sino que también refuerza la conexión entre sus esfuerzos actuales y las recompensas a largo plazo.

Celebrar los logros financieros también es una oportunidad para hablar de sus emociones. Muchas veces, alcanzar una meta puede generar sentimientos de alivio, orgullo o incluso temor sobre lo que viene después. Hablar de estas emociones no solo les ayudará a procesarlas, sino que también fortalecerá su comunicación como pareja.

Recuerden que celebrar no es solo algo que hacen para marcar el final de un esfuerzo, sino también para reconocer el crecimiento que han experimentado juntos. Cada meta alcanzada, cada obstáculo superado y cada pequeño paso hacia adelante es una prueba de su capacidad para trabajar en equipo y superar desafíos. Celebrar es, en esencia, una forma de reafirmar el compromiso que tienen con su relación y con los sueños que están construyendo juntos.

La vida financiera en pareja no siempre es fácil, pero los logros, pequeños o grandes, son un recordatorio de lo que pueden lograr cuando trabajan juntos. Cada celebración es una oportunidad para fortalecer su conexión, renovar su motivación y disfrutar el camino hacia una vida más estable y plena. Así que no se salten estos momentos, porque son los que les dan sentido a todo el esfuerzo que ponen día a día en construir un futuro juntos.

www.ingramcontent.com/pod-product-compliance
Lightning Source LLC
La Vergne TN
LVHW060257051026
849517LV00003B/840